JN411963

당신이 찻잔을 들 때

The Moment You Lift Your Teacup

당신이 찻잔을 들 때

김진아 명상록

The Moment You Lift Your Teacup

김진아 글 · 그림

좋은땅

목차

프롤로그 6

1. 찻잔 The Teacup 9
2. 나와의 화해 Reconciliation with Myself 31
3. 눈물과 회복 Tears and Recovery 49
4. 나무와 뿌리 Trees and Roots 63
5. 물과 자연 Water and Nature 81
6. 잠과 죽음 Sleep and Death 103
7. 우주와 평화 The Universe and Peace 125

프롤로그

찻잔에 담긴 우주로의 항해

당신의 영혼이 마침내 긴 항해를 멈추고, 이 작은 찻잔이라는 항구에 닿았음에 고요한 축복을 보냅니다. 세상의 모든 번잡함이 문 밖에 머무는 이 시간, 손에 들린 이 찻잔은 단순한 도구가 아닙니다. 그것은 당신의 가장 깊은 내면으로 이어지는 비밀의 입구이자, 서른한 번의 평화가 잔잔히 이는 작은 우주입니다.

우리가 이곳에서 마주할 마법은 바로 '비움'입니다.

찻물을 한 모금 머금는 순간, 마음을 짓누르던 불안과 슬픔, 타인의 덧없는 칭찬과 비난을 조용히 흘려보내십시오. 비워지는 것은 잔 속의 한 모금이지만, 채워지는 것은 영원히 마르지 않을 내면의 충만함입니다.

이것은 당신의 영혼이 오래도록 염원했던, 바로 그 깨어남입니다. 더 이상 외부의 목소리를 찾아 헤매는 방랑자가 아닙니다. 이 명상을 통해 스스로에게 무한한 사랑을 건네고 지혜를 퍼 올리는 존재임을 깨닫게 될 것입니다. 당신이야말로 스스로의 가장 진실된 보호자이자 치유의 근원입니다.

찻잔을 드는 순간, 영혼 속 깊이 새로운 지혜의 물결이 시작됩니다.

김진아 지음

1. 찻잔 The Teacup

시간은 존재하지 않는다. 오직 차와 나의 존재만이 진실이다.

Time does not exist. Only the tea and my being are real.

차를 마시는 순간은 단순한 음료 섭취를 넘어, 시간의 흐름을 초월한 의식적 멈춤과 현재 순간에 대한 깊은 몰입을 의미합니다. 홀로 차를 마시는 시간은 나의 감정과 상태를 점검하며 내면을 성찰하는 중요한 시간입니다. 물과 차를 매개로 자연과 연결되며, 우주와 연결된 나의 본질을 인식하고 평화를 회복하는 의식입니다.

The moment of drinking tea goes beyond the mere act of consuming a beverage; it represents a conscious pause that transcends the flow of time, and a deep immersion in the present moment. Time spent alone with tea is an important period for observing your emotions and state of mind, and for reflecting upon your inner self. Through the medium of water and tea, you connect with nature and recognize your essence as part of the universe, restoring a sense of peace.

찻잔의 고요는 오직, 그대의 비움으로만 가능하다.

The stillness of a teacup is possible only through your own emptiness.

생각, 감정, 욕망을 잠시 멈추고 의식적으로 비움을 선택할 때, 고요가 내면 깊이 스며듭니다. 찻잔의 고요는 외부가 아닌, 나 스스로의 의지와 선택으로만 가능하며, 그것이 진정한 평화의 중심입니다.

When you pause your thoughts, emotions, and desires, and consciously choose emptiness, stillness penetrates deep within. The stillness of a teacup is not granted by the outside world, but arises solely from your own will and choice-this is the true center of peace.

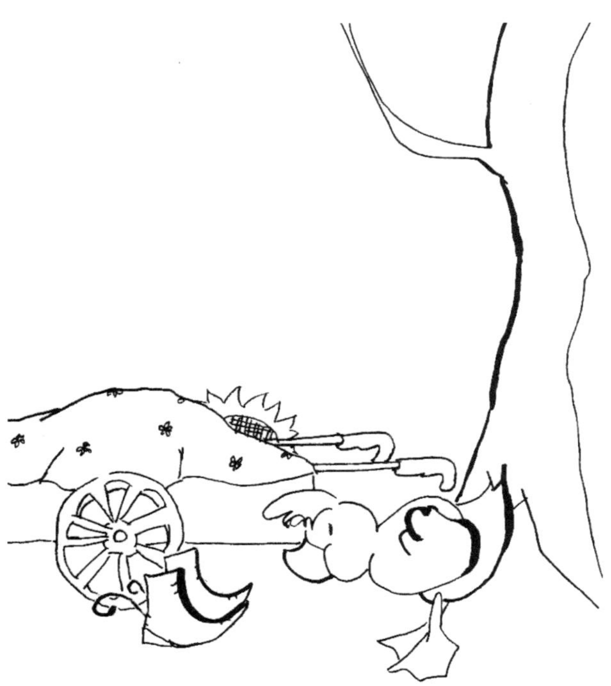

차는 '사람과의 만남'에 비유될 수 있다. 차의 향(香)은 첫인상을 보여 주고, 맛(味)은 마지막 기억을 남긴다.

The experience of tea may be likened to the encounter with a person. The aroma offers the first impression; the flavor preserves the final memory.

향은 강렬하게 매혹적으로 다가오지만 찻잔이 식은 후에는 흩어지고 사라집니다. 하지만, 비옥한 토양에서 자라 정성이 깃든 차는 마신 후에도 혀와 목에 깊은 맛, 즉 여운을 남깁니다. 이처럼 그 사람이 나에게 베푼 배려와 신뢰는 오랜 세월 여운을 남기며 기억됩니다. 관계에 남는 것은 결국 향이 아닌 것입니다.

The aroma may approach, powerful and captivating, but once the cup cools, it dissipates and vanishes entirely. However, a tea cultivated in fertile soil and infused with genuine care leaves a profound aftertaste-a lasting resonance(*yeoun*)-lingering deep on the tongue and throat long after the last sip. In this same way, the kindness and trust a person extends to us remain long after the meeting, preserved in memory as a lasting resonance. What truly endures in any relationship is not the momentary scent, but the enduring, deep flavor.

차를 마시는 동안, 너와 내가 하나가 되고, 우리는 물처럼 흘러 우주와 하나가 된다.

While drinking tea, you and I become one, and we flow like water, merging with the universe.

'물처럼 흐른다'는 것은 불필요한 생각과 감정, 집착을 내려놓고 가장 근본적이고 순수한 본질로 돌아가는 것을 의미합니다. 또한 '나'와 '세상'을 나누는 구별에서 벗어나 에고의 경계를 허물고, 모든 존재가 서로 연결되어 있음을 깨닫게 합니다.

To 'flow like water' means letting go of unnecessary thoughts, emotions, and attachments, returning to the most fundamental and pure essence of being. It also signifies transcending the distinction between 'self' and 'world', dissolving the boundaries of the ego, and realizing the interconnectedness of all beings.

찻잔 속에는 나와의 화해가 있다.

Within the teacup lies reconciliation with myself.

찻잔 속에는 지금 이 순간, 당신이 자신과 화해할 수 있는 공간이 있습니다. 과거의 실수와 미래의 불안을 내려놓고, 있는 그대로의 자신을 받아들이며 마음을 고요히 합니다. 차를 음미하고 향을 느끼는 오감의 몰입 속에서, 당신은 평온 속에서 자기 수용과 화해를 경험할 수 있습니다.

Within the teacup lies a space in which, at this very moment, you can reconcile with yourself. Let go of past mistakes and future anxieties, and accept yourself as you are, allowing your mind to settle into stillness. Through fully immersing your senses in the taste and aroma of the tea, you can experience self-acceptance and inner reconciliation in a state of calm.

2. 나와의 화해 Reconciliation with Myself

불 꺼진 방에 홀로 있을 때, 나는 누구인가?

When I am alone in a dark room, who am I?

'불 꺼진 방'은 단순히 어두운 공간이 아니라, 외부의 모든 자극과 시선이 차단된 상태를 의미합니다. 어둠 속에서 당신은 외부의 빛에 의존하지 않고, 스스로의 내면적 빛을 발견하도록 초대됩니다. 이 과정은 고요함을 넘어, 진정한 자기 인식과 내적 성장을 경험하게 합니다.

A ‘darkened room’ is not merely a space without light, but a state in which all external stimuli and gazes are blocked. In the darkness, you are invited to discover your own inner light, without relying on the light from the outside. This process goes beyond stillness, allowing you to experience true self-awareness and inner growth.

찻잔은 불꽃의 시련을 받지만, 사람을 온화하게 만든다.

The teacup endures the trial of fire,

yet it softens the human heart.

찻잔은 불꽃의 시련을 견뎌야 비로소 단단하고 아름다운 그릇으로 완성되어, 사람에게 뜨거운 차를 전할 수 있습니다. 삶의 고통과 번뇌를 피하지 않고 마주할 때 내면이 성숙하며, 내면의 시련을 견뎌 낸 사람만이 타인에게 진정한 평화와 위로를 전달할 수 있습니다.

A teacup must endure the trial of fire to become a strong and beautiful vessel, capable of offering hot tea to others. In the same way, when we face the pains and tribulations of life without avoidance, our inner being matures. Only those who have endured their own inner trials can bring true peace and comfort to others.

내 속의 어린이가 행복한지 살펴보라. 이 행복하지 않은 어린이가 늘 문제를 일으킨다. 평생 어른의 몸속에서.

Examine if the child within you is happy. This unhappy child perpetually causes trouble, living its entire life within the adult body.

당신 안의 가장 순수하고 상처받기 쉬운 존재, 바로 어린 시절의 당신을 만나 보세요. 이 어린이가 진정으로 원하는 것이 무엇일까요? 평생 어른의 몸속에서 문제를 일으키는 근본적인 원인을 해결하여, 당신 스스로가 진정한 보호자가 되어 줄 수 있습니다.

Meet the most pure and vulnerable being within you-your childhood self. What does this child truly long for? By addressing the root causes of the struggles this child has carried into your adult life, you can become your own true protector.

진짜 어머니는 마음 속 깊은 곳에 앉아 계신다.

The true Mother sits deep in the core of your heart.

당신은 스스로에게 무한한 사랑을 건네고 어떤 순간에도 안식처를 마련해 줄 수 있는 치유의 근원을 이미 마음속 깊은 곳에 지니고 있습니다.

You already hold the ultimate source of healing deep within your core-a wellspring that offers boundless love and establishes a sanctuary for yourself in every moment.

3. 눈물과 회복 Tears and Recovery

너무 슬퍼하지 말라. 슬픔 속에는 죽음의 씨앗이 숨어 있다. 그 씨앗은 금세 큰 나무가 된다.

Do not yield to excessive sorrow. A seed of death is hidden within sadness, and that seed quickly grows into a great tree.

감정을 방치하면 슬픔이 삶을 잠식할 수 있다는 말입니다. 슬픔은 억누르는 것이 아니라 제때 돌보는 것이 중요합니다.

If emotions are neglected, sorrow can take over our lives. It is not about suppressing grief, but about attending to it in time that truly matters.

눈물은 마음속을 흐르는 강물이다. 마르지 않았는지 종종 확인하라.

Tears are rivers flowing through the heart. Check often to see if they have not dried.

당신의 내면의 감정이 살아 있는지 주기적으로 살피고, 눈물이 흐를 때 마음속 번뇌와 고통이 씻겨 나가도록 하세요. 자신의 감정에 둔감해지지 않고, 내면의 활력과 감수성을 유지하는 것이 중요합니다.

Periodically check if the life is still vibrant within your inner feelings. Allow the tears to flow, washing away the suffering and anguish from your heart.
It is vital not to grow numb to your own emotions, but to maintain inner vitality and sensitivity.

SNA

숨겨진 오래된 비결이 있다. 그저 울면 가슴이 시원해진다.

It’s an old, hidden secret: simply crying will refresh one’s heart.

억눌린 감정을 부끄러워하지 않고 그대로 드러내는 것, 바로 울음입니다. 울음을 통해 마음속 깊이 쌓인 상처가 풀리고 내면이 정화됩니다. 이 경험은 오래된 치유의 진리를 상기시키며, 당신이 있는 그대로 자신을 받아들이고 심리적 평화를 되찾도록 안내합니다.

Crying is the act of expressing suppressed emotions fully, without shame.
Through tears, deep-seated wounds in the heart are released, and the inner self is purified. This experience reminds you of the ancient truth of healing, guiding you to accept yourself as you are and restore psychological peace.

4. 나무와 뿌리 Trees and Roots

물질의 손실만큼 당신이 더 얻은 것은 무엇인가?

What have you gained in return for your material loss?

물질과 정신은 분리되지 않습니다. 단순히 '잃었다'는 후회에 머무르지 않고 모든 경험이 가져다주는 대가와 가치를 돌아보게 합니다. 손실에 집중하기보다 획득한 가치를 바라봄으로써, 사고의 균형과 내적 성숙을 이룰 수 있습니다.

Matter and spirit are not separate. Do not dwell in the mere regret of 'loss,' but turn to the exchange and value that every experience brings.

By focusing on the gained value rather than the loss, you can achieve balance in your perspective and deep inner maturity.

나무는 뿌리로 물을 머금어야만 가지를 뻗는다. 우리는 무엇을 마음속에 머금어야 할까?

A tree can only extend its branches after it has drawn water through its roots. What, then, should we hold within our hearts?

나무가 뿌리로 물을 마셔야 가지를 뻗는 것처럼, 사람도 마음속에 좋은 기운을 채워야 성장할 수 있습니다. '무엇을 채울까?'라는 질문은 스스로 답을 찾으며 내면의 힘을 길러, 세상과 조화를 이루고 '진정한 나'로 성숙해 나가게 합니다.

Just as a tree needs water in its roots to stretch its branches, a person must fill their heart with good energy to grow. The question, 'What should I fill?' guides you to find the answer for yourself, fostering inner strength, helping you harmonize with the world, and enabling you to mature into your 'authentic self.'

만물은 아래로 흐르지만, 위대한 사람은 물을 길어 올린다.

All things flow downward, yet a great person draws water upward.

만물은 자연스럽게 아래로 흐르듯, 노력하지 않으면 타성, 안일함, 부정적 습관과 잡념 속에 쉽게 빠집니다. 그러나 위대한 사람은 의지로 내면의 평화와 지혜를 길어 올립니다. 고요와 쉼은 저절로 주어지지 않고, 능동적 노력과 내적 성찰을 통해 쟁취됩니다. 외부 경쟁에서 벗어나 내면 성장에 집중하며, 당신 스스로 영혼의 주인이 될 수 있습니다.

Just as all things naturally flow downward, a lack of effort leaves one easily submerged in inertia, complacency, negative habits, and scattered thoughts. However, a great person consciously draws up inner peace and wisdom through willpower. Stillness and rest are not given freely; they are won through active effort and deep inner contemplation. By shifting focus from external competition to inner growth, you can become the true master of your own spirit.

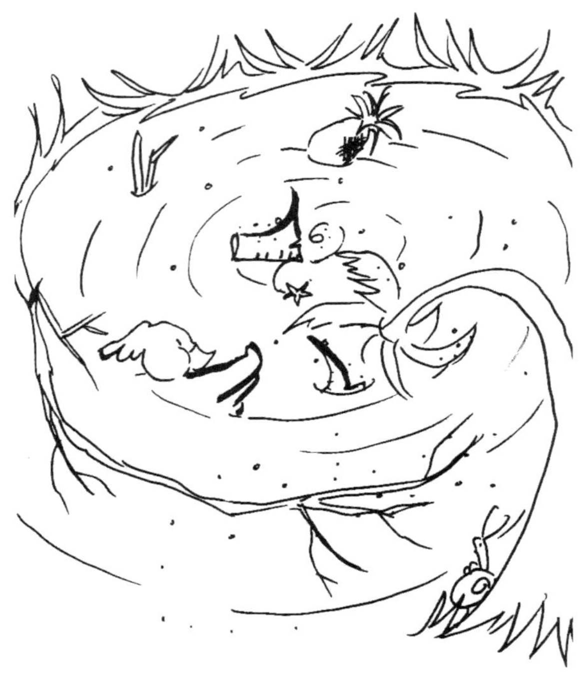

사랑을 줄 수 있다는 사실이 당신이 어른이 되었다는 완벽한 증거다.

The very ability to give love is the perfect proof that you have become an adult.

진정한 어른이 된다는 것은 무엇일까요? 이는 외부의 성공이나 사회적 지위가 아니라, 내면의 결핍을 넘어 타인에게 조건 없이 사랑을 베풀 수 있는 능력을 갖추었음을 의미합니다. 자신 안의 풍요로움을 발견할 때 세상을 보는 관점은 달라집니다.

What does it truly mean to be mature? It is not measured by external success or social status, but by the capacity to offer unconditional love to others, transcending the sense of lack within yourself. When you discover the abundance within, the way you perceive the world naturally transforms.

5. 물과 자연 Water and Nature

눈을 감아야만 선명하게 보이는 내면의 세계가 있다.

There is an inner world you can see clearly only when your eyes are closed.

깨어 있는 동안 당신이 외부 세계에 에너지를 쏟느라 놓쳤던 잠재의식과 진정한 욕구, 내면의 감정은 오직 외부 자극이 차단될 때 비로소 드러납니다. 진실과 본질은 눈에 보이는 현실 뒤에 숨겨져 있으며, 이를 깨닫기 위해서는 당신이 내면을 향해 깊이 통찰해야 합니다.

The subconscious, true desires, and inner emotions that you missed while expending energy on the external world during wakefulness are revealed only when external stimuli are blocked. Truth and essence are hidden behind the visible reality, and realizing this requires you to deeply contemplate your inner self.

당신의 몸은 물이 대부분이다. 그저 다시 복구하라.

Your body is mostly water. Simply restore it.

차를 마심으로써 몸과 마음을 재정비하고, 가장 근원적인 존재의 요소인 물을 채워 온전함을 회복하는 시간입니다.

Drinking tea is a time to reset body and mind, replenishing the element of water-the most fundamental aspect of your being-and restoring a sense of wholeness.

물은 이미 낮은 곳에 있어, 그 누구도 낮추질 못한다.

Water is already low, thus no one can lower it further.

물은 이미 낮은 곳에 있어 더 낮출 수 없듯이, 당신도 겸손과 무심으로 자신을 내려놓아야 합니다. 이 상태에서는 외부 평가나 욕심에서 오는 불안이 사라집니다. 가장 낮은 곳에 머무르는 겸손이 흔들림 없는 내면의 힘과 무한한 평화를 만들어 냅니다.

Just as water is already low and cannot be lowered further, you must release yourself through humility and non-attachment. In this state, the anxiety that stems from external judgment or desire vanishes. It is this humility of dwelling in the lowest place that forges an unshakable inner strength and infinite peace.

강물이 더러워지지 않는 방법은 더 많은 물과 만나 흘러가는 것이다.

The way for river water to remain pure is to meet and flow with more water.

세상 속에서 탁한 물이 되지 않으려면, 더러움에 매달리기보다는 자아에 집착하지 않고 맑은 물과 어울려 흐르며 스스로 회복되는 것이 중요합니다. 그렇게 될 때 당신은 영원히 맑은 강물로 존재할 수 있습니다.

To avoid becoming muddied in the world, the key is not to cling to the taint, but to release attachment to the self, flowing alongside clear water, allowing for self-renewal.
In doing so, you can eternally exist as a clear river.

다른 이의 칭찬에 너무 기뻐하지 마라. 그들의 비난에 울고 싶지 않다면.

Do not rejoice too much in others' praise, if you do not wish to weep at their criticism.

타인의 칭찬과 비난에 마음을 맡기는 것은, 내면이 비어 있기 때문입니다. 외부의 덧없는 말에 집착하지 않고, 자신 안의 풍요로움과 평정심을 발견할 때, 당신은 비로소 물처럼 낮은 곳에 머물며 흔들리지 않는 내면의 평화를 지킬 수 있습니다.

To commit your heart to the praise or criticism of others is rooted in an inner void. Refusing to cling to the transient words of the exterior, you discover abundance and serenity within yourself. Only then can you dwell low, like water, and maintain an unshakable inner peace.

6. 잠과 죽음 Sleep and Death

꿈은 무의식이 당신에게 들려주는 대본이다. 배우는 대본을 볼 의무가 있다.

The dream is the script the subconscious speaks to you. The actor is obliged to read the script.

꿈은 내면의 메시지입니다. 그 내용을 살피고 해석하는 명상적 실천을 통해 현실에서 깨달음과 해답을 찾을 수 있습니다.

The dream is a message from your inner self. Through the meditative practice of observing and interpreting its content, you can find profound insight and answers for your reality.

아무것도 원하지 않아야 이룰 수 있다. 결과에 대한 기대를 버리는 순간.

True achievement comes only when you desire nothing, the moment you let go of the expectation of results.

진정한 성취는 결과에 대한 기대를 버릴 때 시작됩니다. 집착 없이 노력하는 법을 배우며, 마음을 현재의 순간으로 돌릴 수 있습니다. 원하는 것을 좇을 때 생기는 긴장과 고통을 깨닫게 합니다.

True achievement begins when you let go of the expectation of results. Learning to strive without attachment, you can turn your mind to the present moment. This brings the realization of the tension and suffering that arise when chasing what you desire.

잠을 오늘의 죽음으로 여기고 매일 밤 임종 연습을 하라.

Regard sleep as the death of today, and practice a nightly rehearsal of your passing.

죽음은 '나'라는 의식(에고)이 소멸하는 궁극적인 비움의 순간입니다. 매일 밤 임종 연습을 통해 에고가 사라진 상태를 미리 경험하면, 당신이 붙잡고 있는 집착의 본질을 깨닫게 되어 잡념이 줄어듭니다.

Death is the ultimate moment of emptiness, where the consciousness of 'I'(the ego) vanishes. By rehearsing your passing each night, you pre-experience the dissolution of the ego. This allows you to realize the true nature of your attachments, thus diminishing scattered thoughts.

잠의 깊이가 곧 깨달음의 높이다.

The depth of your sleep determines the height of your awakening.

잠의 깊이는 당신의 의식으로 통제할 수 없는 무의식의 상태를 보여 줍니다. 내면이 고요하고 평화로울수록 잠도 깊어지고, 무의식까지 정화될 때 진정한 깨달음을 경험하게 됩니다. 수면과 깨어 있는 시간을 나누지 말고, 이를 하나로 이어진 자기 성장의 기회로 받아들이세요.

The depth of your sleep reflects the state of the subconscious, which your conscious mind cannot control. The calmer and more peaceful your inner self is, the deeper your sleep becomes. When the subconscious is purified, you experience true awakening. Do not separate sleep from wakefulness; embrace both as a continuous opportunity for self-growth.

당신이 의식하든, 의식하지 않든 나이는 든다. 그렇다면 나는 무엇을 붙잡아야 하는가?

Whether you are conscious of it or not, the body ages. What, then, is truly worth holding onto?

나이 듦에 대한 집착과 두려움을 내려놓고, 덧없이 사라지는 외면이 아닌, 변치 않는 내면의 지혜를 펴 올리는 축복의 존재임을 깨닫습니다.

Let go of the fear and attachment to aging. You realize you are a blessed being, drawing up not from the fleeting exterior, but from the wellspring of unchanging Inner Wisdom.

7. 우주와 평화 The Universe and Peace

shanti

이곳은 밭이 아니다. 마음을 맑게 하는 거대한 호수다.
보성의 녹차밭에서.

That place is not a field; it is a vast lake that clears the mind, in the green tea fields of Boseong.

보성 녹차밭 한가운데 서 있다고 상상해 보세요. 그곳은 농사의 밭이 아니라, 마음을 맑게 하는 거대한 호수처럼 느껴집니다. 끝없이 펼쳐진 찻잎들은 물속으로 몸을 던져 사람들에게 헌신할 준비를 하고 있습니다. 녹차가 품은 헌신과 호수 같은 평화 속에서 내면을 맑게 해 보세요.

Imagine yourself standing in the heart of the Boseong Green Tea Fields. That place feels not like a farming field, but a vast lake that clears the mind.
The endless tea leaves are ready to cast themselves into the water, dedicating themselves to people. Seek clarity within, immersed in the dedication embodied by the tea and the lake-like peace.

우주는 당신이 찻잔을 드는 순간 기뻐한다. 당신에게 평화를 주기 위해 노력했기에.

The cosmos rejoices the moment you lift the teacup, for it has labored to bring you peace.

물질과 정신은 하나이고, 존재와 우주도 본래 하나입니다. 우주 만물은 물을 통한 치유로서 당신의 내면 평화를 기꺼이 돕기를 원합니다. 평화는 쉽게 주어지지 않으며, 당신의 근원적 노력과 성찰을 통해 이루어집니다.

Matter and spirit are one, and existence and the cosmos are fundamentally unified.
The entire cosmos, through the healing of water, willingly supports your inner peace. Peace is not given easily; it is attained through your fundamental effort and contemplation.

시간은 저 멀리 떠나간다. 나는 어디에 있는가?

Time drifts far away. Where am I?

시간은 저 멀리 흘러가 잡을 수 없는 물결이 될 때, 당신은 고요히 내면을 마주합니다. "나는 어디에 있는가?"라는 질문은 마음의 중심으로 돌아가도록 안내하며, 이 순간의 존재를 깊이 느끼게 합니다. 과거와 미래를 놓아주고, 오직 지금 여기에서 숨결과 마음을 관찰하며 존재의 진실을 체험하도록 초대합니다.

When time flows far away and becomes an unreachable wave, you quietly face your inner self. The question, 'Where am I?' guides you back to the center of your heart, allowing you to deeply feel the existence of this very moment. You are invited to let go of the past and the future, and experience the truth of existence by observing your breath and mind only in the here and now.

잔이 비워지면 내려놓으라. 만족은 곧 채워짐이다.

When the cup is empty, lay it down.

Satisfaction is fullness rediscovered.

만족은 외부의 성취나 소유로 채워지는 것이 아니라, 마음 깊은 곳에서 차오르는 고요한 충만함입니다. 만족의 순간은 더 많은 것을 얻는 데 있지 않고, 이미 모든 것이 충분하다는 깨달음 속에서 완성됩니다.

Satisfaction does not come from what we achieve or own, but from a quiet sense of fullness that wells up from deep within the heart. It is complete not when we gain more, but in the realization that everything is already enough.

사랑은 기적을 낳는다. 기적은 세상을 바꾼다. 그래서 진실된 사랑은 아주 위험한 것이 된다.

Love begets miracles, and miracles change the world. Thus, authentic love becomes a profoundly dangerous thing.

기존의 가치관과 세상을 뒤흔들 수 있는 혁명적 변화의 위험성을 알립니다. 진정으로 나 자신을 사랑하고, 타인을 조건 없이 사랑할 때, 세상에 미치는 거대한 힘과 그 힘의 근원이 바로 내면에서 비롯됨을 알게 됩니다.

This warns of the revolutionary change that can overturn existing values and the world. When you embrace authentic self-love and offer unconditional love to others, you discover the immense power that affects the world a power whose source is found deep within your core.

당신이 찻잔을 들 때

초판 1쇄 발행 2026년 2월 3일

지은이 김진아
그린이 김진아
펴낸이 이기봉
편집 좋은땅 편집팀
펴낸곳 도서출판 좋은땅
주소 서울특별시 마포구 양화로12길 26 지월드빌딩 (서교동 395-7)
전화 02)374-8616~7
팩스 02)374-8614
이메일 gworldbook@naver.com
홈페이지 www.g-world.co.kr

ISBN 979-11-388-5372-9 (03810)

- 가격은 뒤표지에 있습니다.

- 파본은 구입하신 서점에서 교환해 드립니다.